¡Conocimiento a tope!

Ingeniería en todas partes

Los errores nos ayudan a aprender

Robin Johnson

Traducción de Pablo de la Vega

CRABTREE
PUBLISHING COMPANY
WWW.CRABTREEBOOKS.COM

Objetivos específicos de aprendizaje:

Los lectores:

- Describirán los pasos que siguen los ingenieros para diseñar soluciones.
- Entenderán que los ingenieros agradecen y aprenden de los errores, y que los errores son una oportunidad para aprender.
- Identificarán las ideas principales del libro y explicarán las razones que dio el autor para respaldar las ideas.

Palabras de uso frecuente (primer grado) a, de, hace(r)(n), no, son, su, un, y	Vocabulario académico artificial, diseño, inventado, mejorar, modelo, pensamiento creativo, solución

Estímulos antes, durante y después de la lectura:

Activa los conocimientos previos y haz predicciones:

Pide a los niños que lean el título del libro y miren las imágenes de la tapa y la portada.

- ¿De qué manera los errores son cosas positivas?
- ¿Alguna vez cometieron un error que les ayudó a mejorar?
- ¿Por qué piensas que podría ser importante para los ingenieros aprender de sus errores?

Durante la lectura:

Después de leer las páginas 8 y 9, pregunta:

- ¿Qué notan de la plabra «modelo»? (Está en negritas). Muestra a los niños la definición de «modelo» de la página 22. Recuérdales que el glosario es una herramienta que pueden usar mientras leen.

- Regresa a las páginas 8 y 9. Pide a los niños que expliquen por qué los modelos son importantes para los ingenieros y que repitan en sus propias palabras la idea de esas páginas.

Después de la lectura:

Pide a los niños que discutan la idea principal del libro: los errores ayudan a los ingenieros a aprender. Anima a los niños a hacer conexiones entre el texto y ellos mismos al describir maneras en que los errores los ayudan a aprender. Pide a los niños que hagan un dibujo de una vez en que se hayan equivocado. Haz un cartel titulado «¡Los errores nos ayudan a aprender!» que muestre los dibujos.

Author: Robin Johnson

Series development: Reagan Miller

Editor: Janine Deschenes

Proofreader: Melissa Boyce

STEAM notes for educators: Janine Deschenes

Guided reading leveling: Publishing Solutions Group

Cover and interior design: Samara Parent

Photo research: Samara Parent

Translation to Spanish: Pablo de la Vega

Edition in Spanish: Base Tres

Photographs: Getty images: Sergei Bobylev: p. 11; David Levenson: p. 19; Westend61: p. 21; Public Domain: p. 15 (bottom); Shutterstock: joyfuldesigns: p. 14; All other photographs by Shutterstock

Print coordinator: Katherine Berti

Printed in the U.S.A. / 102020 / CG20200914

Library and Archives Canada Cataloguing in Publication
Title: Los errores nos ayudan a aprender / Robin Johnson ; traducción de Pablo de la Vega.
Other titles: Mistakes help us learn. Spanish
Names: Johnson, Robin (Robin R.), author. | Vega, Pablo de la, translator.
Description: Series statement: ¡Conocimiento a tope! Ingeniería en todas partes | Translation of: Mistakes help us learn. | Includes index. | Text in Spanish.
Identifiers: Canadiana (print) 20200297910 | Canadiana (ebook) 20200297929 | ISBN 9780778783411 (hardcover) | ISBN 9780778783626 (softcover) | ISBN 9781427126375 (HTML)
Subjects: LCSH: System failures (Engineering)—Juvenile literature. | LCSH: Engineering design— Juvenile literature. | LCSH: Engineers—Juvenile literature. | LCSH: Experiential learning—Juvenile literature.
Classification: LCC TA169.5 .J6418 2021 | DDC j620/.00452—dc23

Library of Congress Cataloging-in-Publication Data
Names: Johnson, Robin (Robin R.), author. | Vega, Pablo de la, translator.
Title: Los errores nos ayudan a aprender / traducción de Pablo de la Vega ; Robin Johnson.
Other titles: Mistakes help us learn. Spanish
Description: New York, NY : Crabtree Publishing Company, [2021] | Series: ¡Conocimiento a tope! Ingeniería en todas partes | Translation of: Mistakes help us learn.
Identifiers: LCCN 2020033104 (print) | LCCN 2020033105 (ebook) | ISBN 9780778783411 (hardcover) | ISBN 9780778783626 (paperback) | ISBN 9781427126375 (ebook)
Subjects: LCSH: System failures (Engineering)--Juvenile literature. | Experiential learning--Juvenile literature. | Continuous improvement--Juvenile literature.
Classification: LCC TA169.5 .J6413 2021 (print) | LCC TA169.5 (ebook) | DDC 620/.00452--dc23

Índice

Crabtree Publishing Company
www.crabtreebooks.com   1-800-387-7650

Published in Canada
Crabtree Publishing
616 Welland Ave.
St. Catharines, Ontario
L2M 5V6

Published in the United States
Crabtree Publishing
347 Fifth Ave
Suite 1402-145
New York, NY 10016

Published in the United Kingdom
Crabtree Publishing
Maritime House
Basin Road North, Hove
BN41 1WR

Published in Australia
Crabtree Publishing
Unit 3 – 5 Currumbin Court
Capalaba
QLD 4157

Una oportunidad para aprender

La gente soluciona problemas. Encuentra maneras de hacer la vida más fácil, segura y divertida. Pero las **soluciones** no siempre funcionan la primera vez. Cometer errores es parte del proceso de solucionar problemas. Cada error es una oportunidad para aprender.

Con frecuencia, la gente trabaja en equipo para resolver problemas.

Estos amigos están construyendo una torre. La primera que hicieron se cayó. Entonces, apilaron los bloques de otra manera. ¡Ahora, la torre se mantiene de pie! Aprendieron de su error.

Los ingenieros resuelven problemas

Los ingenieros son personas que usan las matemáticas, la ciencia y el **pensamiento creativo** para solucionar problemas. Los ingenieros saben que cometer errores es una oportunidad para aprender.

Los ingenieros disfrutan de solucionar problemas, incluso si cometen errores.

Aprender de errores ayuda a los ingenieros a **diseñar** mejores soluciones. Los caminos son más seguros ahora porque los ingenieros han aprendido de los errores del pasado.

Uno, dos, tres, probando

Cuando los ingenieros tienen una idea para una solución, hacen un **modelo**. Luego, lo prueban. Probar les permite ver si su idea resuelve el problema.

Los ingenieros hacen planes cuidadosos cuando diseñan soluciones. Pero no siempre les sale bien la primera vez.

Probar modelos ayuda a los ingenieros a encontrar errores. Luego, pueden corregir el error.

Este ingeniero está haciendo el modelo de un auto. Lo probará y buscará errores. Luego, corregirá los errores.

Inténtalo de nuevo

Si su modelo no resuelve el problema, los ingenieros no se dan por vencidos. Aprenden qué salió mal. Luego, **mejoran** su diseño.

Los ingenieros pueden cambiar el tamaño o la forma de la solución. Pueden cambiar aquello de lo que está hecha. Pueden cambiar cómo funciona.

Esta niña tiene una mano **artificial**. Los ingenieros probaron la mano muchas veces. Arreglaron los errores. ¡Ahora, su mano funciona bien! Puede usarla para cambiar el foco.

Compartiendo errores

Los ingenieros comparten ideas entre ellos. También comparten sus errores. Compartir errores ayuda a los ingenieros a aprender y diseñar mejores soluciones.

Los ingenieros se aseguran de que otros no cometan el mismo error.

¡Compartir ideas y errores puede ayudar a
los ingenieros a resolver problemas nuevos!

Aprendiendo del pasado

Los ingenieros también aprenden de los errores que cometió la gente hace mucho tiempo. Aprenden por qué otras soluciones fallaron. Se aseguran de no cometer los mismos errores.

Un ingeniero puede estudiar un puente que se cayó. Aprenden por qué se cayó. Esto les ayuda a diseñar puentes más seguros.

Algunos ingenieros estudian barcos que se hundieron, como el Titanic. Aprenden de errores del pasado para diseñar barcos más fuertes y seguros.

El Titanic se hundió en 1912.

¡Nunca te des por vencido!

Los ingenieros quizá tengan que modificar sus diseños muchas veces. ¡Pero no se dan por vencidos! Aprenden qué salió mal. Usan lo que aprendieron para hacer mejor el siguiente diseño.

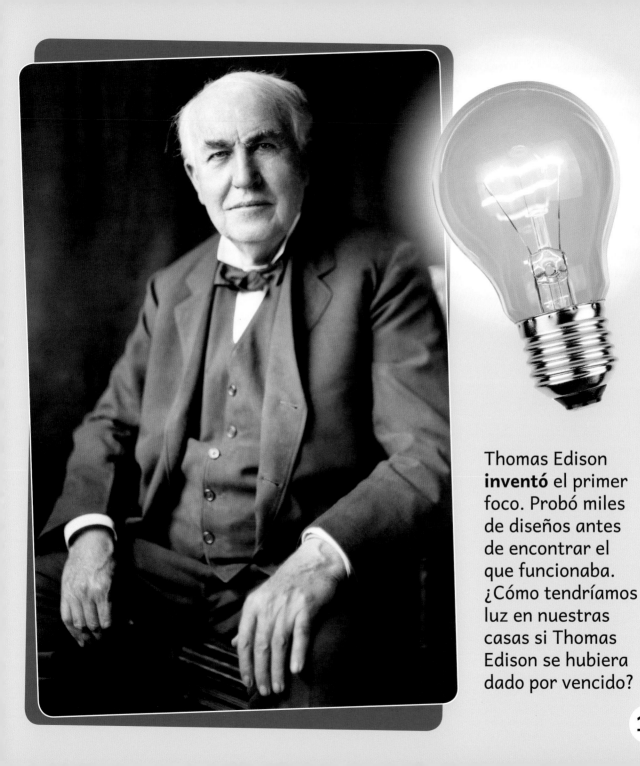

Thomas Edison **inventó** el primer foco. Probó miles de diseños antes de encontrar el que funcionaba. ¿Cómo tendríamos luz en nuestras casas si Thomas Edison se hubiera dado por vencido?

Ingeniería asombrosa

Aprender de los errores es una parte importante del diseño de soluciones asombrosas. Algunas soluciones que la gente usa cada día fueron creadas por ingenieros que no se dieron por vencidos.

¿Has volado alguna vez en un avión? A Orville y Wilbur Wright les tomó muchos años inventar el primer avión. Probaron y mejoraron muchos modelos.

James Dyson diseñó una nueva **aspiradora**.
¡Realizó más de 5,000 modelos! Siguió probando
y cambiando sus diseños hasta que le salió bien.
Hoy, la gente alrededor del mundo usa su invento.

Aprendiendo siempre

Los ingenieros saben que cada error les ayuda a aprender. ¿Puedes pensar en alguna ocasión en la que hayas aprendido de un error?

Esta niña hizo un modelo de un puente. Lo prueba para ver si puede sostener objetos sin romperse. Después de cada prueba, hace el puente más fuerte.

Esta ingeniera diseñó un robot que hace galletas.
Hizo y probó muchos modelos. ¡Ahora, su robot
hace bien las galletas! ¿Qué podrías diseñar tú?

Palabras nuevas

artificial: adjetivo. Hecho por humanos.

aspiradora: sustantivo. Un aparato que se usa para succionar polvo de tapetes o pisos.

diseñar: verbo. Hacer un plan sobre cómo se hace o construye algo.

inventó: verbo. Creó o pensó en algo nuevo.

mejoran: verbo. Hacen mejor.

modelo: sustantivo. Una representación o copia de un objeto real.

pensamiento creativo: sustantivo. Uso de la mente para inventar ideas nuevas y originales.

soluciones: sustantivo. Respuestas a un problema.

Un sustantivo es una persona, lugar o cosa.

Un verbo es una palabra que describe una acción que hace alguien o algo.

Un adjetivo es una palabra que te dice cómo es alguien o algo.

Índice analítico

Sobre la autora

Robin Johnson es una autora y editora independiente que ha escrito más de 80 libros para niños. Cuando no está trabajando, construye castillos en el aire junto a su marido, quien es ingeniero, y sus dos creaciones favoritas: sus hijos Jeremy y Drew.

Para explorar y aprender más, ingresa el código de abajo en el sitio de Crabtree Plus.

www.crabtreeplus.com/fullsteamahead

Tu código es: **fsa20**

(página en inglés)

Notas de STEAM para educadores

¡Conocimiento a tope! es una serie de alfabetización que ayuda a los lectores a desarrollar su vocabulario, fluidez y comprensión al tiempo que aprenden ideas importantes sobre las materias de STEAM. *Los errores nos ayudan a aprender* usa un lenguaje referido a causas y efectos, y ejemplos claros que ayudan a los lectores a identificar ideas principales y las razones que respaldan dichas ideas. La actividad STEAM de abajo ayuda a los lectores a expandir las ideas del libro para el desarrollo de habilidades de ingeniería y de lengua y literatura.

Ampliando la mente

Los niños lograrán:
- Explicar por qué los errores son una parte importante del proceso de diseño de ingeniería.
- Identificar la mentalidad de desarrollo, usarla para completar un reto de ingeniería y reflexionar al respecto.

Materiales
- Gráfica «Mentalidad de desarrollo».
- Hoja de reto de ingeniería.
- Hoja «Mi mentalidad de desarrollo».
- Cubos y agua.
- Materiales para el proyecto, como papel, palitos de manualidades, cartón, pegamento, cinta adhesiva, rollos de papel, etc.

Guía de estímulos
Después de leer *Los errores nos ayudan a aprender*, pregunta:
- ¿Qué es un modelo? ¿Por qué los ingenieros hacen modelos?
- ¿Por qué es importante que los ingenieros prueben sus modelos?
- ¿Por qué los errores son una parte importante del diseño de soluciones?
- ¿Los ingenieros se dan por vencidos? ¿Por qué no?

Actividades de estímulo
Explica a los niños que no darse nunca por vencido es importante en ingeniería, ¡y en todos los aspectos de la vida! Dile a los niños que cuando aprendemos de los errores y no nos damos por vencidos, lo llamamos «mentalidad de desarrollo».

Para ilustrarlo, entrega a cada niño una gráfica «Mentalidad de desarrollo». Como grupo, clasifica las afirmaciones de la gráfica, identificando cuáles son afirmaciones de crecimiento y cuáles no (estas son llamadas «fijas»).

Di a los niños que usarán una mentalidad de desarrollo para completar un reto. Cuando cometan un error, deberán hacer declaraciones como las del gráfico para ayudarse a intentarlo de nuevo.

En grupos de tres o cuatro, los niños completarán el reto de ingeniería. Entrega a cada grupo la hoja de reto de ingeniería. Da a los niños una clase entera para que intenten completar el reto. Está bien si al final no lo logran.

Pide a cada niño que escriba una reflexión sobre la hoja «Mentalidad de desarrollo». Exhibe las respuestas en el aula para mostrar el desarrollo mental de los niños.

Extensiones
Pide a los niños que escriban una «historia de desarrollo mental» y la actúen para sus compañeros.

> Para ver y descargar la hoja de trabajo, visita
> **www.crabtreebooks.com/resources/printables**
> o **www.crabtreeplus.com/fullsteamahead**
> (páginas en inglés) e ingresa el código **fsa20**.